Opowieści Świąteczne Dla Dzieci: Dwujęzyczne Przygody Po Angielsku i Po Polsku

Coledown English

Published by Coledown English, 2023.

While every precaution has been taken in the preparation of this book, the publisher assumes no responsibility for errors or omissions, or for damages resulting from the use of the information contained herein.

OPOWIEŚCI ŚWIĄTECZNE DLA DZIECI: DWUJĘZYCZNE PRZYGODY PO ANGIELSKU I PO POLSKU

First edition. September 5, 2023.

Copyright © 2023 Coledown English.

ISBN: 979-8223925743

Written by Coledown English.

Table of Contents

The Magical Christmas Wish

Once upon a time, in a cozy little village nestled in the heart of a snowy forest, there lived a young boy named Timmy. He was a bright-eyed and curious child, always eager for adventure, but this Christmas was different. It was a year when Christmas felt more magical than ever before.

Pewnego razu, w przytulnej wiosce ukrytej w sercu zasneżonego lasu, mieszkał młody chłopiec o imieniu Timmy. Był to bystry i ciekawy dzieciak, zawsze gotowy na przygodę, ale te Święta były inne. To był rok, kiedy Boże Narodzenie wydawało się bardziej magiczne niż kiedykolwiek wcześniej.

The village was buzzing with excitement as the first snowflakes of winter descended from the heavens, covering everything in a soft, white blanket. Timmy couldn't wait to build snowmen and have snowball fights with his friends. But deep down, he had a secret wish—a wish that he dared not speak aloud.

Wioska roiła się od ekscytacji, gdy pierwsze płatki śniegu zimy spadały z nieba, pokrywając wszystko miękkim, białym kocem. Timmy nie mógł doczekać się, aby zbudować bałwana i stoczyć bitwę na śnieżki ze swoimi przyjaciółmi. Ale głęboko w duszy miał tajne życzenie – życzenie, którego nie odważył się wyrazić na głos.

As Christmas drew nearer, Timmy noticed a beautiful, twinkling star high in the night sky. It shone so brightly that it seemed closer than any other star he had ever seen. Timmy decided to confide in his grandmother, who was known for her wisdom and knowledge of the Christmas season's mysteries.

Kiedy Święta zbliżały się coraz bardziej, Timmy zauważył piękną, migoczącą gwiazdę na nocnym niebie. Świeciła tak jasno, że wydawała się bliższa niż jakakolwiek inna gwiazda, jaką kiedykolwiek widział. Timmy postanowił zwierzyć się swojej babci, która słynęła ze swej mądrości i wiedzy o tajemnicach świątecznego czasu.

"Grandma," Timmy said, his eyes wide with wonder, "Do you see that bright star up there? It's like nothing I've ever seen before. I have a special wish, and I think that star might be the key to making it come true."

"Babciu," powiedział Timmy, szeroko otwierając oczy ze zdumienia, "Widzisz tamtą jasną gwiazdę? To jak nic, czego wcześniej nie widziałem. Mam szczególne życzenie, i myślę, że ta gwiazda może być kluczem do jego spełnienia."

Grandma smiled warmly and nodded. "Oh, Timmy, that's the Christmas Star. It appears once in a lifetime, and it has the power to grant special wishes. But you must be pure of heart and believe in the magic of Christmas for your wish to come true."

Babciu uśmiechnęła się ciepło i skinęła głową. "Och, Timmy, to Gwiazda Bożonarodzeniowa. Pojawia się raz w życiu i ma moc spełniania szczególnych życzeń. Ale musisz być czystym sercem i wierzyć w magię Bożego Narodzenia, aby twoje życzenie spełniło się."

Timmy's heart filled with hope and joy. He knew that he had both a pure heart and an unshakeable belief in the magic of Christmas. That night, as he lay in bed, he made his wish upon the Christmas Star, whispering it with all the love and sincerity he could muster.

Serce Timmy'ego napełniło się nadzieją i radością. Wiedział, że ma zarówno czyste serce, jak i niezłomne przekonanie o magii Bożego Narodzenia. Tego wieczoru, gdy leżał w łóżku, złożył życzenie na Gwieździe Bożonarodzeniowej, szepcząc je z całym uczuciem i szczerością, jakie tylko potrafił zgromadzić.

The next morning, when Timmy awoke and rushed to the window, he couldn't believe his eyes. There, in his backyard, stood the most extraordinary Christmas tree he had ever seen. Its branches were adorned with shimmering ornaments, and the scent of fresh pine filled the air.

Następnego ranka, gdy Timmy obudził się i rzucił do okna, nie mógł uwierzyć własnym oczom. Tam, w jego podwórku, stała najbardziej niezwykła choinka bożonarodzeniowa, jaką kiedykolwiek widział. Jej gałęzie były ozdobione migoczącymi ozdobami, a zapach świeżego sosny napełniał powietrze.

Timmy ran downstairs, where his family was gathered around the tree, their faces filled with awe. "Did you see, Grandma?" Timmy asked, tears of happiness in his eyes. "My wish came true! This is the most magical Christmas ever!"

Timmy zbiegł na dół, gdzie jego rodzina gromadziła się wokół choinki, ich twarze pełne zachwytu. "Widziałaś, Babciu?" Timmy zapytał, łzy szczęścia w oczach. "Moje życzenie się spełniło! To najbardziej magiczne Boże Narodzenie!"

Grandma embraced Timmy, her eyes sparkling with pride. "Yes, my dear, I knew your wish would come true. It's the power of believing in the magic of Christmas and having a pure heart. Remember, Timmy, the magic of Christmas lives in all of us, and it's up to us to share it with others."

Babciu objęła Timmy'ego, jej oczy błyszczały z dumy. "Tak, mój drogi, wiedziałam, że twoje życzenie się spełni. To moc wiary w magię Bożego Narodzenia i posiadania czystego serca. Pamiętaj, Timmy, magia Bożego Narodzenia tkwi w nas wszystkich, i to od nas zależy, czy podzielimy się nią z innymi."

And so, that magical Christmas in the cozy village became a cherished memory for Timmy and his family. They learned that the true magic of Christmas wasn't just in wishes granted but in the love, kindness, and joy they shared with one another.

I tak to magiczne Boże Narodzenie w przytulnej wiosce stało się ukochaną wspomnieniem dla Timmy'ego i jego rodziny. Nauczyli się, że prawdziwa magia Bożego Narodzenia nie polegała tylko na spełnianiu życzeń, ale także na miłości, życzliwości i radości, którą dzielili ze sobą.

And every Christmas thereafter, when they gazed upon the Christmas Star, they remembered the year their wishes came true, thanks to the magic of a pure heart and the belief in the wonder of the season.

A każde Boże Narodzenie potem, gdy spoglądali na Gwiazdę Bożonarodzeniową, przypominali sobie rok, kiedy ich życzenia się spełniły, dzięki magii czystego serca i wierzeniu w cud tej pory roku.

5

The Lost Christmas Star

———

Once upon a time in a quaint little town called Evergreen Hollow, Christmas was a time of immense joy and celebration. The town was famous for its beautifully decorated houses and the grand Christmas tree that stood in the town square. But this year, there was a problem. The most crucial ornament of all, the Christmas Star that was meant to crown the tree, had gone missing.

Pewnego razu w urokliwym miasteczku o nazwie Evergreen Hollow, Boże Narodzenie było czasem ogromnej radości i świętowania. Miasto słynęło z pięknie udekorowanych domów i wielkiej choinki stojącej na placu miasta. Ale w tym roku pojawił się problem. Najważniejszy z ozdób, Gwiazda Bożonarodzeniowa, która miała zdobić choinkę, zaginęła.

Little Sophie, a bright-eyed girl with a heart full of hope, was determined to solve the mystery of the missing star. She believed in the magic of Christmas and knew that without the star, the town's Christmas wouldn't be complete. So, she decided to embark on a quest to find the lost Christmas Star.

Mała Sophie, dziewczynka o jasnych oczach pełnych nadziei, postanowiła rozwiązać zagadkę zaginionej gwiazdy. Wierzyła w magię Bożego Narodzenia i wiedziała, że bez gwiazdy, święta w mieście nie będą kompletne. Postanowiła więc wyruszyć w poszukiwania zaginionej Gwiazdy Bożonarodzeniowej.

With her trusty dog, Max, by her side, Sophie followed a trail of twinkling lights that led her deep into the enchanted forest surrounding Evergreen Hollow. The snow-covered trees whispered secrets of the missing star, but it was a mischievous squirrel named Szymon who held the key to the mystery.

Z wiernym psem Maxem u swojego boku, Sophie podążyła śladem migoczących świateł, który prowadził ją głęboko w czarujący las otaczający Evergreen Hollow. Śnieżne drzewa szeptały sekrety zaginionej gwiazdy, ale to psotny wiewiór Szymon trzymał klucz do tajemnicy.

Szymon chattered away in excitement, telling Sophie about a magical cave hidden within the forest, where the Christmas Star was said to grant wishes. Sophie and Max followed Szymon through the snowy woods, and eventually, they reached the entrance of the cave.

Szymon gadał podekscytowany, opowiadając Sophie o magicznej jaskini ukrytej w lesie, gdzie Gwiazda Bożonarodzeniowa miała spełniać życzenia. Sophie i Max podążyli za Szymonem przez zaśnieżone lasy i w końcu dotarli do wejścia do jaskini.

Inside the cave, Sophie found herself in a mesmerizing wonderland filled with sparkling crystals and a radiant Christmas Star that hung above them. The star spoke, "I have been waiting for someone pure of heart to find me. What is your dearest Christmas wish, Sophie?"

Wewnątrz jaskini Sophie znalazła się w fascynującej krainie pełnej błyszczących kryształów, a nad nimi wisiała promienna Gwiazda Bożonarodzeniowa. Gwiazda powiedziała: "Czekałem, aż ktoś o czystym sercu mnie znajdzie. Jakie jest twoje najdroższe życzenie z okazji Bożego Narodzenia, Sophie?"

Sophie's eyes filled with tears of joy as she made her wish. "I wish for everyone in Evergreen Hollow to have the most magical and unforgettable Christmas, just like the one I'm having right now."

Oczy Sophie napełniły się łzami radości, gdy składała życzenie. "Życzę, aby wszyscy w Evergreen Hollow mieli najbardziej magiczne i niezapomniane Boże Narodzenie, takie jakie właśnie przeżywam."

The Christmas Star shimmered brightly, and Sophie knew her wish had been granted. She returned to Evergreen Hollow with the star, and as she placed it atop the town's Christmas tree, the entire town was bathed in its magical glow.

Gwiazda Bożonarodzeniowa błyszczała jasno, a Sophie wiedziała, że jej życzenie zostało spełnione. Wróciła do Evergreen Hollow z gwiazdą i gdy umieściła ją na szczycie choinki miasta, całe miasto zanurzyło się w jej magicznym blasku.

That Christmas in Evergreen Hollow was indeed the most magical and unforgettable one the town had ever seen. Sophie's pure heart and belief in the magic of Christmas had made it so. And every year, as the Christmas Star shone brightly, the town remembered the year they found not only a lost star but also the true spirit of Christmas.

To Boże Narodzenie w Evergreen Hollow było naprawdę najbardziej magiczne i niezapomniane, jakie kiedykolwiek widziało miasto. Czyste serce Sophie i jej wiara w magię Bożego

Narodzenia uczyniły to takim. A każdego roku, gdy Gwiazda Bożonarodzeniowa świeciła jasno, miasto przypominało sobie rok, w którym odnaleźli nie tylko zaginioną gwiazdę, ale także prawdziwy duch Bożego Narodzenia.

The Gift of the Snowflake

In the charming village of Frostwood, where snow-covered cottages and twinkling lights adorned every street, there lived a young girl named Eliza. She had a heart as pure as freshly fallen snow and a curiosity that matched her bright blue eyes. Every year, she eagerly awaited Christmas, not for the presents, but for the enchantment that filled the air.

W urokliwej wiosce Frostwood, gdzie śnieżne chatki i migoczące światełka zdobiły każdą ulicę, mieszkała młoda dziewczyna o imieniu Eliza. Miała serce tak czyste jak świeży śnieg i ciekawość, która dorównywała jej jasnym niebieskim oczom. Co roku niecierpliwie oczekiwała na Boże Narodzenie, nie dla prezentów, ale dla czarującej atmosfery, która napełniała powietrze.

One crisp winter morning, as Eliza gazed out her bedroom window, she noticed something extraordinary. A single snowflake, unlike any she had ever seen, danced gracefully in the chilly breeze. It was larger and more intricate than the others, glistening with an ethereal beauty. Eliza felt an inexplicable connection to this snowflake, as if it held a secret meant just for her.

Pewnego chłodnego zimowego ranka, gdy Eliza wpatrywała się przez okno swojej sypialni, zauważyła coś niezwykłego. Pojedynczy płatek śniegu, inny niż wszystkie, tańczył wdzięcznie na chłodnym wietrze. Był większy i bardziej skomplikowany niż inne, błyszczał nadziemskim pięknem. Eliza czuła niezrozumiałą więź z tym płatkiem śniegu, jakby skrywał tajemnicę przeznaczoną tylko dla niej.

Determined to understand the snowflake's significance, Eliza embarked on a journey through the enchanting Frostwood forest. She followed the snowflake, which seemed to guide her with a faint, melodic hum. Along the way, she encountered woodland creatures who offered their wisdom and guidance.

Zdecydowana zrozumieć znaczenie płatka śniegu, Eliza wyruszyła w podróż przez uroczy las Frostwood. Podążała za płatkiem śniegu, który wydawał się ją kierować cichym, melodyjnym szumem. W drodze spotkała leśne stworzenia, które oferowały swoją mądrość i wsparcie.

The wise old owl, Olaf, told her, "The snowflake you follow is a gift from the Winter Queen. It carries the magic of the season and is meant to teach you the true meaning of Christmas."

Mądra stara sowa, Olaf, powiedziała jej: "Płatek śniegu, który podążasz, to dar od Królowej Zimy. Niesie magię tej pory roku i ma cię nauczyć prawdziwego znaczenia Bożego Narodzenia."

Eliza continued her journey, now with a sense of purpose. The snowflake led her to a small, hidden glen where she found a wounded bird with a broken wing. With gentle care, she nursed the bird back to health, and they became fast friends. The bird, named Lumi, revealed that it was the guardian of the snowflake's magic.

Eliza kontynuowała swoją podróż, teraz z poczuciem celu. Płatek śniegu zaprowadził ją do małego, ukrytego gaju, gdzie znalazła rannego ptaka z połamanym skrzydłem. Z delikatną opieką wyleczyła ptaka, a stały się szybkimi przyjaciółmi. Ptak o imieniu Lumi zdradził, że jest strażnikiem magii płatka śniegu.

As Christmas Eve approached, Eliza and Lumi learned the true power of the snowflake. It could create moments of kindness, generosity, and love in Frostwood. With each act of giving, the snowflake grew brighter and more radiant. Eliza realized that the real magic of Christmas was not in receiving but in giving from the heart.

Gdy zbliżała się Wigilia Bożego Narodzenia, Eliza i Lumi nauczyli się prawdziwej mocy płatka śniegu. Potrafił tworzyć chwile życzliwości, hojności i miłości w Frostwood. Za każdym aktem dawania płatek śniegu stawał się jaśniejszy i bardziej promienny. Eliza zdała sobie sprawę, że prawdziwa magia Bożego Narodzenia nie tkwi w otrzymywaniu, ale w dawaniu z serca.

On Christmas Eve, as Eliza and Lumi returned to the village, the snowflake's glow lit up Frostwood, and acts of kindness spread like wildfire. Neighbors helped neighbors, and the spirit of togetherness filled every heart. The Christmas Eve celebration in Frostwood that year was the most magical and heartwarming anyone could remember.

W Wigilię Bożego Narodzenia, gdy Eliza i Lumi wrócili do wioski, blask płatka śniegu rozświetlił Frostwood, a akty życzliwości rozprzestrzeniały się jak pożar. Sąsiedzi pomagali sąsiadom, a duch wspólnoty napełnił każde serce. Obchody Wigilii Bożego Narodzenia w Frostwood w tamtym roku były najbardziej magiczne i serdeczne, jakie ktoś mógł sobie przypomnieć.

As Eliza stood beneath the beautifully decorated Christmas tree, she knew that the snowflake had granted her the most precious gift of all—the gift of love and the true spirit of Christmas.

Gdy Eliza stała pod pięknie udekorowaną choinką bożonarodzeniową, wiedziała, że płatek śniegu obdarował ją najcenniejszym ze wszystkich prezentów – darem miłości i prawdziwym duchem Bożego Narodzenia.

From that day forward, Frostwood continued to celebrate Christmas not just with presents but with acts of kindness, love, and togetherness, inspired by the gift of the snowflake.

Od tego dnia Frostwood kontynuowało obchody Bożego Narodzenia nie tylko prezentami, ale również aktami życzliwości, miłości i wspólnoty, zainspirowanymi darem płatka śniegu.

And so, the village of Frostwood learned that the true magic of Christmas was not found in a snowflake's glow but in the warmth of hearts united by love and the spirit of giving.

I tak wioska Frostwood nauczyła się, że prawdziwa magia Bożego Narodzenia nie tkwi w blasku płatka śniegu, ale w cieple serc zjednoczonych miłością i duchem dawania.

The Littlest Reindeer's Big Adventure

In the heart of the North Pole, where snow glistened like a sea of diamonds, and the air was filled with the sweet scent of gingerbread cookies, there lived a little reindeer named Rudy. Rudy was the smallest reindeer in Santa's magical sleigh team, and he often felt like he was too little to be part of something so important.

W samym sercu Bieguna Północnego, gdzie śnieg błyszczał jak morze diamentów, a powietrze nasycone było słodkim zapachem piernikowych ciastek, mieszkał mały renifer o imieniu Rudy. Rudy był najmniejszym reniferem w magicznym zespole sanek Świętego Mikołaja i często czuł, że jest zbyt mały, by być częścią czegoś tak ważnego.

Every year, as Christmas Eve drew near, Rudy watched his fellow reindeer practicing their takeoffs and landings, their strong legs propelling them gracefully into the sky. He sighed, feeling left out and wishing he could join in the fun.

Co roku, gdy zbliżała się Wigilia, Rudy obserwował swoich towarzyszy reniferów podczas treningów startów i lądowań, ich silne nogi wdzięcznie unoszące je w niebo. Wzdychał, czując się pominięty i pragnąc, aby mógł dołączyć do zabawy.

One frosty evening, while Rudy was practicing his leaps in the snow, he heard a soft, musical voice behind him. It was a little snowflake fairy named Zara. She had sparkling wings and a smile that could melt even the iciest of snow. "Rudy," she said, "I've been watching you, and I see something special in you. You may be small, but you have a heart filled with courage and kindness."

Pewnego mroźnego wieczoru, gdy Rudy ćwiczył swoje skoki w śniegu, usłyszał delikatny, melodyjny głos za sobą. To była mała wróżka płatka śniegu o imieniu Zara. Miała błyszczące skrzydła i uśmiech, który mógł roztopić nawet najzimniejszy śnieg. "Rudy," powiedziała, "obserwowałam cię i widzę w tobie coś wyjątkowego. Możesz być mały, ale masz serce wypełnione odwagą i życzliwością."

Rudy blushed and looked at the ground, feeling both surprised and grateful for Zara's words. She continued, "I can help you find your own special talent, Rudy, something that will make you a valuable member of Santa's team."

Rudy zaczerwienił się i spuścił wzrok, czując się zarówno zaskoczony, jak i wdzięczny za słowa Zary. Ona kontynuowała, "Mogę pomóc ci znaleźć twój własny wyjątkowy talent, Rudy, coś, co uczyni cię cennym członkiem zespołu Świętego Mikołaja."

With Zara's guidance, Rudy discovered that he had a remarkable ability. He could speak to animals, and they could understand him in return. This newfound talent filled Rudy with excitement, and he couldn't wait to share it with Santa.

Pod kierunkiem Zary, Rudy odkrył, że ma niezwykłą zdolność. Potrafił rozmawiać z zwierzętami, a one mogły go zrozumieć w zamian. Ta nowo odkryta zdolność wypełniła Rudy'ego ekscytacją, i nie mógł się doczekać, aby podzielić się nią z Mikołajem.

On Christmas Eve, as the reindeer team prepared to take flight, Rudy approached Santa with a hopeful heart. "Santa," he said, "I may be small, but I've discovered a gift. I can talk to animals, and they can understand me. Maybe I can help deliver presents to all the woodland creatures, so they have a magical Christmas too."

W Wigilię, gdy zespół reniferów przygotowywał się do lotu, Rudy zbliżył się do Mikołaja z nadzieją w sercu. "Mikołaju," powiedział, "może i jestem mały, ale odkryłem dar. Potrafię rozmawiać z zwierzętami, a one mogą mnie zrozumieć. Może mogę pomóc dostarczyć prezenty wszystkim zwierzętom leśnym, aby także miały magiczne Boże Narodzenie."

Santa smiled warmly at Rudy and agreed. "Rudy, your gift is truly special. Let's make this Christmas even more magical for all our woodland friends."

Mikołaj uśmiechnął się ciepło do Rudy'ego i zgodził się. "Rudy, twój dar jest naprawdę wyjątkowy. Sprawmy, aby to Boże Narodzenie było jeszcze bardziej magiczne dla wszystkich naszych leśnych przyjaciół."

That Christmas, with Rudy's help, Santa's sleigh made extra stops in the forest, delivering presents to the animals. The woodland creatures rejoiced, and their joy filled the air with even more magic. Rudy may have been the littlest reindeer, but he had a heart as big as the North Pole itself.

Tego Bożego Narodzenia, dzięki pomocy Rudy'ego, sanie Mikołaja zrobiły dodatkowe postoje w lesie, dostarczając prezenty zwierzętom. Leśne stworzenia cieszyły się, a ich radość napełniła

And so, Rudy's big adventure taught everyone that it's not the size that matters, but the kindness and love we share that make Christmas truly magical.

I tak wielka przygoda Rudy'ego nauczyła wszystkich, że to nie wielkość ma znaczenie, ale życzliwość i miłość, które dzielimy, sprawiają, że Boże Narodzenie jest naprawdę magiczne.

The Enchanted Snow Globe

In the charming town of Winterhaven, nestled deep within a snowy valley, there lived a young girl named Lily. Winterhaven was known far and wide for its enchanting Christmas celebrations, and Lily couldn't wait for this year's festivities. But she had a secret wish, one that she kept locked away in her heart.

W urokliwym miasteczku Winterhaven, ukrytym głęboko w zasneżonej dolinie, mieszkała młoda dziewczyna o imieniu Lily. Winterhaven był znany daleko i szeroko ze względu na swoje czarujące obchody Bożego Narodzenia, i Lily nie mogła doczekać się tegorocznych uroczystości. Ale miała tajne życzenie, które skrywała w swoim sercu.

Lily's dearest wish was to bring her grandmother, who lived far away, to Winterhaven for Christmas. Her grandmother was her closest friend, and they shared a love for the holiday season like no other. But Granny had grown frail and was unable to travel. Lily's heart ached at the thought of her grandmother spending Christmas alone.

Najdroższym życzeniem Lily było sprowadzić swoją babcię, która mieszkała daleko, do Winterhaven na Boże Narodzenie. Jej babcia była jej najbliższą przyjaciółką, i dzieliły miłość do świątecznej atmosfery jak nikt inny. Ale babcia osłabła i nie mogła podróżować. Serce Lily płakało na myśl, że jej babcia spędzi święta sama.

One frosty morning, as Lily was exploring the attic, she stumbled upon a dusty, old snow globe. It was unlike any she had ever seen before. Inside the globe was a miniature, picturesque village that looked exactly like Winterhaven. Curious, she picked it up and gave it a gentle shake. To her astonishment, the snow began to fall, and the village came to life with tiny, moving figures.

Pewnego mroźnego poranka, gdy Lily przeszukiwała strych, natknęła się na zakurzoną, starą kulię śnieżną. Była zupełnie inna niż jakakolwiek wcześniej widziała. Wewnątrz kuli znajdowała się miniaturka malowniczego miasteczka, które wyglądało dokładnie jak Winterhaven. Ciekawa podniosła ją i delikatnie potrząsnęła. Ku jej zdumieniu, zaczęło padać śnieg, a miasteczko ożyło z małymi, poruszającymi się postaciami.

Lily couldn't believe her eyes. It was as if the snow globe held a piece of Winterhaven's magic within it. She continued to watch in amazement as the tiny figures prepared for their Christmas celebrations. And then, an idea began to form in her mind.

Lily nie mogła uwierzyć własnym oczom. To było tak, jakby kula śnieżna trzymała w sobie część magii Winterhaven. Kontynuowała w zachwyceniu obserwowanie, jak małe postacie przygotowują się do swoich świątecznych uroczystości. I wtedy zaczęła kształtować się w jej głowie pewna myśl.

Lily decided to share the magic of the snow globe with her grandmother. She gently whispered her wish into the globe and gave it another shake. To her astonishment, the snowflakes inside the globe began to swirl and twirl, and a warm, golden light enveloped her. When it cleared, she found herself standing in the enchanting village within the snow globe.

Lily postanowiła podzielić się magią kuli śnieżnej ze swoją babcią. Delikatnie wyszeptała swoje życzenie do kuli i potrząsnęła nią jeszcze raz. Ku jej zdumieniu płatki śniegu wewnątrz kuli zaczęły wirować i wirować, a ciepłe złote światło otoczyło ją. Kiedy się rozwiało, znalazła się stojącą w czarującej wiosce wewnątrz kuli śnieżnej.

Lily couldn't contain her excitement. She explored the tiny village, amazed at how real and detailed it was. As she walked through the snowy streets, she encountered friendly miniature villagers who welcomed her with open arms.

Lily nie mogła ukryć swojego zachwytu. Badała małe miasteczko, zdumiona tym, jakie było realistyczne i szczegółowe. Podczas przechadzki po śnieżnych ulicach natknęła się na przyjaznych małych mieszkańców, którzy przyjęli ją z otwartymi ramionami.

With the help of the miniature villagers, Lily prepared a surprise Christmas celebration for her grandmother right there in the snow globe. The celebration was filled with joy, laughter, and the warmth of love, just like Lily had always imagined.

Z pomocą małych mieszkańców Lily przygotowała niespodziewane obchody Bożego Narodzenia dla swojej babci wewnątrz kuli śnieżnej. Uroczystość była pełna radości, śmiechu i ciepła miłości, dokładnie tak, jak Lily zawsze sobie wyobrażała.

When the celebration ended, Lily returned to her world, holding the snow globe close to her heart. She knew that the magic of

Christmas could make even the most impossible dreams come true. And as she shared the enchanted snow globe with her grandmother, they both realized that the love and togetherness they shared was the greatest gift of all.

Kiedy uroczystość dobiegła końca, Lily wróciła do swojego świata, trzymając kulę śnieżną blisko serca. Wiedziała, że magia Bożego Narodzenia może sprawić, że nawet najbardziej niemożliwe marzenia staną się rzeczywistością. I gdy dzieliła się zaklętą kulą śnieżną ze swoją babcią, obie zdały sobie sprawę, że miłość i wspólnotę, którą dzieliły, były największym prezentem ze wszystkich.

From that Christmas on, Lily and her grandmother celebrated the holiday together in their hearts, no matter the distance between them. And the enchantment of the snow globe continued to remind them that the magic of Christmas could bring loved ones together, no matter where they were.

Od tego Bożego Narodzenia Lily i jej babcia obchodziły święta razem w swoich sercach, bez względu na odległość między nimi. A czar kuli śnieżnej nadal przypominał im, że magia Bożego Narodzenia może łączyć bliskich, bez względu na to, gdzie są.

The Star That Lost Its Shine

Once upon a time, in the picturesque village of Pineville, there was a grand tradition. Each year, the villagers would gather on Christmas Eve to decorate a magnificent Christmas tree with a dazzling star at its peak. This star was no ordinary star; it was rumored to hold the magic of Christmas itself.

Pewnego razu, w malowniczej wiosce Pineville, istniała wspaniała tradycja. Co roku mieszkańcy zbierali się w Wigilię Bożego Narodzenia, aby udekorować wspaniałą choinkę przepiękną gwiazdą na jej szczycie. Ta gwiazda nie była zwykłą gwiazdą; mówiono, że trzymała w sobie magię samego Bożego Narodzenia.

In Pineville, there lived a young girl named Amelia. She had a heart full of kindness and a passion for making others happy. Amelia's dream was to be chosen to place the star atop the Christmas tree, for she believed that it would make her wish come true.

W Pineville mieszkała młoda dziewczyna o imieniu Amelia. Miała serce pełne życzliwości i pasję do sprawiania radości innym. Marzeniem Amelii było zostać wybraną do umieszczenia gwiazdy na szczycie choinki bożonarodzeniowej, bo wierzyła, że to spełni jej życzenie.

Year after year, Amelia watched as others were selected for this special task, but her turn never seemed to come. She didn't lose hope, though. Instead, she decided to help others prepare for the holiday, bringing smiles to their faces through her acts of kindness.

Rok po roku Amelia obserwowała, jak inni byli wybierani do tej szczególnej roli, ale jej kolejka zdawała się nigdy nie nadejść. Nie traciła jednak nadziei. Zamiast tego postanowiła pomagać innym w przygotowaniach do świąt, przynosząc uśmiechy na ich twarzach swoimi czynami życzliwości.

One winter evening, while helping an elderly neighbor decorate her home, Amelia discovered a dusty old box filled with ornaments. Among them, she found a small, tarnished star that had lost its shine. With a gentle touch, she cleaned it and knew she had found something special.

Pewnego zimowego wieczoru, pomagając starszej sąsiadce w dekorowaniu jej domu, Amelia odkryła zakurzoną starą skrzynię pełną ozdób. Wśród nich znalazła małą, zmatowiałą gwiazdę, która straciła swój blask. Delikatnie ją oczyściła i wiedziała, że znalazła coś wyjątkowego.

Amelia took the star with her, and as she continued her acts of kindness, she felt a warmth and joy within her heart. She began to believe that the star held its own magic, different from the one on the Christmas tree but equally powerful.

Amelia zabrała gwiazdę ze sobą, i w miarę jak kontynuowała swoje czyny życzliwości, czuła w swoim sercu ciepło i radość. Zaczęła wierzyć, że gwiazda trzymała w sobie swoją własną magię, inną niż ta na choince bożonarodzeniowej, ale równie potężną.

On Christmas Eve, as the villagers gathered around the Christmas tree in the town square, the time came to choose who would place the dazzling star at the top. The mayor looked around and saw Amelia holding the small, now-gleaming star. With a warm smile, he invited her to ascend the ladder and crown the tree.

W Wigilię Bożego Narodzenia, gdy mieszkańcy zbierali się wokół choinki na placu miasta, nadszedł czas, aby wybrać osobę, która umieści gwiazdę na szczycie. Burmistrz spojrzał wokół i zobaczył, że Amelia trzyma małą, teraz lśniącą gwiazdę. Z uśmiechem na twarzy zaprosił ją do wspięcia się na drabinę i koronowania choinki.

As Amelia placed the star on the tree, a wave of wonder and joy washed over the crowd. The tree's lights sparkled, and the star's glow was more magnificent than anyone had ever seen.

Gdy Amelia umieściła gwiazdę na choince, fala zdumienia i radości ogarnęła tłum. Światełka choinki migotały, a blask gwiazdy był bardziej wspaniały, niż ktokolwiek kiedykolwiek widział.

Amelia's wish came true that night, but it wasn't just because she placed the star on the tree. It was because she had shared her kindness, and in doing so, she had rekindled the star's magic.

Marzenie Amelii spełniło się tej nocy, ale nie tylko dlatego, że umieściła gwiazdę na choince. To dlatego, że dzieliła swoją życzliwość, i w ten sposób ożywiła magię gwiazdy.

In Pineville, that Christmas became the most magical one ever, not just because of the star's brilliance but because the villagers had rediscovered the true magic of the season – the magic of kindness, love, and giving.

W Pineville to Boże Narodzenie stało się najbardziej magiczne ze wszystkich, nie tylko ze względu na blask gwiazdy, ale dlatego, że mieszkańcy ponownie odkryli prawdziwą magię tej pory roku – magię życzliwości, miłości i dawania.

The Little Snowflake's Journey

In a land where winter's embrace never loosened, there was a tiny snowflake named Flurry. Flurry was unlike any other snowflake; she possessed a deep curiosity and a longing to explore the world beyond the fluffy clouds where she was born.

W krainie, gdzie zimowe objęcia nigdy się nie rozluźniły, była mała płatek śniegu o imieniu Puch. Puch był inny niż wszystkie inne płatki śniegu; posiadał głęboką ciekawość i tęsknotę, aby odkrywać świat poza puszystymi chmurami, gdzie się narodził.

Every year, as Flurry and her snowflake siblings descended from the sky, they were content to join the snow blankets on the ground. But not Flurry. She gazed at the world below with wonder and whispered to the winter winds, "I want to see the world, to touch the earth, and to bring joy wherever I go."

Co roku, gdy Puch i jego rodzeństwo opadały z nieba, byli zadowoleni, dołączając do pokrywy śnieżnej na ziemi. Ale nie Puch. Spoglądała na świat poniżej z zachwytem i szeptała zimowym wiatrom: "Chcę zobaczyć świat, dotknąć ziemi i przynosić radość, gdziekolwiek pójdę."

One crisp winter morning, as Flurry tumbled from the heavens, she felt a gust of wind unlike any other. It carried her higher and higher, far from the snowy landscape she knew so well. Flurry danced through the sky, carried by the breeze, and marveled at the world below.

Pewnego chłodnego zimowego ranka, gdy Puch spadała z nieba, poczuła podmuch wiatru jak żaden inny. Unosił ją coraz wyżej, daleko od znanego jej pejzażu śnieżnego. Puch tańczyła przez niebo, niesiona przez powiew, i podziwiała świat poniżej.

As Flurry drifted downward, she landed softly on the windowsill of a small cottage. Inside, a young girl named Mia was decorating her Christmas tree. Mia had a sparkle in her eyes, but her heart felt heavy that year because her father was away serving in the military, and he wouldn't be home for Christmas.

Kiedy Puch opadała w dół, z miękko wylądowała na parapetku małej chatki. Wewnątrz, młoda dziewczyna o imieniu Mia dekorowała swoją choinkę bożonarodzeniową. Mia miała błysk w oczach, ale jej serce było ciężkie tego roku, ponieważ jej ojciec był na służbie wojskowej i nie będzie w domu na Boże Narodzenie.

Flurry sensed Mia's sadness and knew she had a chance to bring joy. She transformed into a tiny, shimmering star and hovered above the Christmas tree, casting a warm, radiant glow that filled the room. Mia gasped in awe at the magical sight and felt a warmth in her heart that she hadn't felt in a long time.

Puch wyczuła smutek Mii i wiedziała, że ma szansę przynieść radość. Przemieniła się w małą, migoczącą gwiazdę i unosiła się nad choinką bożonarodzeniową, rzucając ciepłym, promiennym blaskiem, który napełnił pokój. Mia wydała zdumiony okrzyk na widok tego magicznego widoku i poczuła ciepło w sercu, którego dawno nie doświadczyła.

That night, as Mia made a wish on the shimmering star, she whispered, "I wish for my father to come home for Christmas."

The star flickered brightly in response, and Mia felt a surge of hope.

Tego wieczoru, kiedy Mia składała życzenie na migoczącej gwiazdzie, szeptała: "Życzę sobie, żeby mój ojciec wrócił do domu na Boże Narodzenie." Gwiazda zaświeciła jasno w odpowiedzi, a Mia poczuła przypływ nadziei.

On Christmas morning, Mia received a surprise she never expected. Her father, who had been granted leave, stood at the door, holding her in a tight embrace. Tears of joy flowed down Mia's cheeks as her wish had come true.

W pierwszy dzień Bożego Narodzenia Mia otrzymała niespodziankę, której się nie spodziewała. Jej ojciec, który dostał urlop, stał u drzwi, trzymając ją w mocnym objęciu. Łzy radości spływały po policzkach Mii, ponieważ jej życzenie się spełniło.

Flurry, who had transformed back into a snowflake, watched from the window with a heart full of happiness. She knew that even the tiniest snowflake could make a difference and bring the magic of Christmas to those who needed it most.

Puch, który przemienił się z powrotem w płatek śniegu, patrzyła przez okno z sercem pełnym szczęścia. Wiedziała, że nawet najmniejszy płatek śniegu może mieć znaczenie i przynosić magię Bożego Narodzenia tym, którzy jej najbardziej potrzebowali.

From that day on, Flurry continued her journey, bringing joy and hope wherever she went. And she knew that the world was filled with countless acts of kindness, each one as unique and magical as a snowflake in the winter sky.

Od tego dnia Puch kontynuowała swoją podróż, przynosząc radość i nadzieję, gdziekolwiek szła. I wiedziała, że świat jest pełen niezliczonych czynów życzliwości, każdy z nich tak unikalny i magiczny jak płatek śniegu na zimowym niebie.

The Reindeer Who Saved Christmas

In the heart of the North Pole, where snow-covered hills sparkled like diamonds, there was a young reindeer named Rusty. Rusty was known for his boundless energy and adventurous spirit. But there was one thing that set him apart from the other reindeer – he had a remarkable talent for fixing things.

W samym sercu Bieguna Północnego, gdzie śnieżne wzgórza błyszczały jak diamenty, mieszkał młody renifer o imieniu Rudek. Rudek był znany ze swojej niespożytej energii i duszy odkrywcy. Ale był jedną rzeczą, która wyróżniała go spośród innych reniferów – miał niezwykły talent do naprawiania rzeczy.

Every year, as Christmas approached, the reindeer at Santa's workshop prepared for their most important night – the night when they would pull Santa's sleigh to deliver presents to children all over the world. But this year, a problem arose. The sleigh had developed a mysterious, magical malfunction. Its navigation system was acting up, making it impossible for Santa to deliver presents on time.

Co roku, gdy zbliżało się Boże Narodzenie, renifery w warsztacie Mikołaja przygotowywały się do swojej najważniejszej nocy – nocy, gdy ciągnęły sanie Mikołaja, aby dostarczyć prezenty dzieciom na całym świecie. Ale w tym roku pojawił się problem. Sanie miały tajemniczą, magiczną awarię. Ich system nawigacyjny sprawiał problemy, co sprawiało, że Mikołaj nie mógł dostarczyć prezenty na czas.

Santa called for a meeting with his reindeer, and Rusty couldn't help but feel a surge of excitement. He had always dreamed of using his talent to help on Christmas Eve, and now it seemed like his chance had come.

Mikołaj zwołał zebranie z reniferami, a Rudek nie mógł się powstrzymać od uczucia ekscytacji. Zawsze marzył o tym, żeby wykorzystać swój talent, żeby pomóc w Wigilię, i teraz wydawało się, że nadarza się okazja.

Rusty stepped forward and offered to repair the sleigh. Santa, knowing Rusty's reputation for fixing things, agreed. Rusty worked tirelessly day and night, carefully inspecting and repairing every magical component of the sleigh.

Rudek wszedł do przodu i zaoferował się naprawić sanie. Mikołaj, znając reputację Rudka w dziedzinie naprawiania rzeczy, zgodził się. Rudek pracował niezmordowanie dniem i nocą, starannie sprawdzając i naprawiając każdy magiczny element sanek.

As the days passed, Rusty's determination never wavered. He knew that the fate of Christmas depended on his ability to fix the sleigh. His fellow reindeer cheered him on, offering encouragement and support.

W miarę jak dni mijały, determinacja Rudka nie słabła. Wiedział, że los Bożego Narodzenia zależał od jego zdolności do naprawy sanek. Jego koledzy renifery dopingowali go, oferując wsparcie i wsparcie.

Finally, on Christmas Eve, Rusty completed the repairs, and the sleigh was ready to fly once more. The other reindeer watched in amazement as the once malfunctioning sleigh now sparkled with a newfound magic.

Wreszcie, w Wigilię, Rudek zakończył naprawy, a sanie były gotowe do kolejnego lotu. Pozostali reniferzy patrzyli ze zdumieniem, jak wcześniej awaryjne sanie teraz błyszczały nowo odkrytą magią.

Santa and the reindeer set off into the starry night, with Rusty proudly at the front of the sleigh. They soared through the skies, delivering presents to children all over the world, and the navigation system worked perfectly. Christmas was saved!

Mikołaj i renifery wyruszyli na gwiaździstą noc, z Rudekiem dumnie na czele sanek. Przelatywali przez niebo, dostarczając prezenty dzieciom na całym świecie, a system nawigacyjny działał doskonale. Boże Narodzenie zostało uratowane!

When they returned to the North Pole, the other reindeer celebrated Rusty's heroic efforts. Santa thanked him with a twinkle in his eye and said, "Rusty, you have shown us that every reindeer has a special talent that can make Christmas magical. You truly saved Christmas this year."

Kiedy wrócili na Biegun Północny, pozostali reniferzy świętowali bohaterskie wysiłki Rudka. Mikołaj podziękował mu z błyskiem w oku i powiedział: "Rudek, pokazałeś nam, że każdy renifer ma wyjątkowy talent, który może uczynić Boże Narodzenie magicznym. Naprawdę uratowałeś Boże Narodzenie w tym roku."

Rusty beamed with pride, knowing that his talent had made a difference. From that day on, he was known as "Rusty the

Reindeer Who Saved Christmas," and his story became a cherished part of holiday lore, reminding everyone that even the smallest reindeer can have the biggest impact.

Rudek promieniował z dumy, wiedząc, że jego talent zrobił różnicę. Od tego dnia znany był jako "Rudek, renifer który uratował Boże Narodzenie," a jego historia stała się ukochaną częścią świątecznej legendy, przypominając wszystkim, że nawet najmniejszy renifer może mieć największy wpływ.

And so, the spirit of Christmas lived on, stronger than ever, in the hearts of all who believed in the magic of the season.

I tak duch Bożego Narodzenia żył dalej, silniejszy niż kiedykolwiek, w sercach wszystkich, którzy wierzyli w magię tej pory roku.

The Magical Snowman's Wish

In a charming little village nestled among snowy hills, there lived a young girl named Lily. Lily was known throughout the village for her boundless creativity and her love for the holiday season, especially for building snowmen. This year, she had a special plan in mind to create the most magical snowman the village had ever seen.

W uroczym małym miasteczku wśród śnieżnych wzgórz mieszkała młoda dziewczyna o imieniu Lilia. Lilia była znana w całym miasteczku ze swojej nieograniczonej kreatywności i miłości do okresu świątecznego, zwłaszcza do budowania bałwana. W tym roku miała w głowie specjalny plan, aby stworzyć najbardziej magicznego bałwana, jaki kiedykolwiek pojawił się w miasteczku.

Lily set to work early one frosty morning, rolling three perfectly round snowballs and stacking them on top of one another. As she added the finishing touches, she placed a bright, sparkling top hat on her snowman's head. To her surprise, as soon as the hat touched the snowman, it came to life!

Lilia zabrała się do pracy wcześnie pewnego mroźnego poranka, tocząc trzy doskonale okrągłe kule śnieżne i układając je jeden na drugim. Dodając ostatnie poprawki, postawiła jasny, migoczący cylinder na głowie swojego bałwana. Ku swojemu zdziwieniu, jak tylko czapka dotknęła bałwana, ożył!

The snowman introduced himself as Frosty and explained that he had been brought to life by Lily's boundless holiday spirit and her magical hat. Frosty was filled with wonder and curiosity about the world, and he and Lily became fast friends.

Bałwan przedstawił się jako Mroźny i wyjaśnił, że został ożywiony dzięki nieograniczonemu duchowi świątecznemu Lili i jej magicznej czapce. Mroźny był pełen zdumienia i ciekawości świata, i on i Lilia stali się szybkimi przyjaciółmi.

As Christmas drew nearer, Lily and Frosty embarked on many adventures together. They helped decorate the village with twinkling lights, prepared delicious holiday treats, and even sang carols for their neighbors.

Kiedy Boże Narodzenie zbliżało się coraz bardziej, Lilia i Mroźny wyruszali razem na wiele przygód. Pomagali dekorować miasteczko migoczącymi światłami, przygotowywali pyszne świąteczne przysmaki, a nawet śpiewali kolędy swoim sąsiadom.

However, as Christmas Eve approached, Frosty's smile began to fade. He explained to Lily that his time in the world was limited, and he would have to return to being an ordinary snowman once the holiday season was over.

Jednak w miarę zbliżania się Wigilii, uśmiech Mroźnego zaczął blaknąć. Wytłumaczył Lili, że jego czas na świecie jest ograniczony, i będzie musiał wrócić do bycia zwykłym bałwanem, gdy tylko skończy się okres świąteczny.

Lily was heartbroken to hear this and couldn't bear the thought of saying goodbye to her newfound friend. She knew she had to find a way to make Frosty's wish come true before Christmas Day arrived.

Lilia była załamana, słysząc to, i nie mogła znieść myśli o pożegnaniu z nowo poznanym przyjacielem. Wiedziała, że musi znaleźć sposób, żeby spełnić życzenie Mroźnego, zanim nadejdzie dzień Bożego Narodzenia.

On Christmas Eve, under a sky filled with shimmering stars, Lily and Frosty made their way to the heart of the village. There, they gathered the townsfolk and shared Frosty's story. The village came together, and everyone sang carols, their voices filling the night with warmth and hope.

W Wigilię Bożego Narodzenia, pod niebem pełnym migoczących gwiazd, Lilia i Mroźny udali się do serca miasteczka. Tam zebrali mieszkańców i podzielili się historią Mroźnego. Miasteczko zjednoczyło się, a wszyscy śpiewali kolędy, ich głosy napełniając noc ciepłem i nadzieją.

In that magical moment, something incredible happened. The villagers' combined holiday spirit and the power of their unity transformed Frosty into a real boy! Frosty could hardly believe it, and he thanked Lily and the villagers with tears of joy in his eyes.

W tym magicznym momencie wydarzyło się coś niesamowitego. Połączony duch świąteczny mieszkańców i moc ich jedności przemieniła Mroźnego w prawdziwego chłopca! Mroźny ledwie w to uwierzył, i podziękował Lili i mieszkańcom z łzami radości w oczach.

From that day on, Frosty was a beloved member of the village, and he and Lily remained the best of friends. The village had witnessed the magic of the season, and they knew that the spirit of Christmas would live on in their hearts forever.

Od tego czasu Mroźny był ukochanym członkiem miasteczka, i on i Lilia pozostali najlepszymi przyjaciółmi. Miasteczko było świadkiem magii tej pory roku, i wiedzieli, że duch Bożego Narodzenia będzie żyć w ich sercach na zawsze.

And so, in that charming little village, the magic of Christmas became a part of their lives, reminding them that wishes could come true, and that the most magical gifts of all were the bonds of love and friendship.

I tak, w uroczym małym miasteczku, magia Bożego Narodzenia stała się częścią ich życia, przypominając im, że życzenia mogą się spełnić, a najbardziej magicznymi prezentami były więzi miłości i przyjaźni.

The Enchanted Carolers

In a picturesque village nestled in a valley surrounded by snow-capped mountains, there lived a group of friends who adored Christmas caroling. They called themselves "The Enchanted Carolers" because they believed in the magic of their voices spreading joy and warmth during the holiday season. This year, they had a special plan in mind to make Christmas even more enchanting.

W malowniczej wiosce położonej w dolinie otoczonej szczytami pokrytymi śniegiem mieszkała grupa przyjaciół, którzy uwielbiali śpiewać kolędy. Nazywali się "Zaczarowanymi Kolędnikami", ponieważ wierzyli w magię swoich głosów rozprzestrzeniającą radość i ciepło w okresie świątecznym. W tym roku mieli szczególny plan, żeby uczynić Boże Narodzenie jeszcze bardziej czarującym.

The leader of the group, Emily, was known for her sweet soprano voice and her boundless creativity. She dreamed of transforming their caroling into a magical experience by adding a touch of enchantment to each song. With the help of her friends, they set out to create something truly special.

Liderką grupy była Emily, znana ze swojego słodkiego sopranu i nieograniczonej kreatywności. Marzyła o przekształceniu swoich kolęd w magiczne doświadczenie, dodając każdej piosence odrobinę czaru. Wraz z pomocą swoich przyjaciół, wyruszyli, żeby stworzyć coś naprawdę wyjątkowego.

First, they collected fallen pine cones and sprigs of holly from the forest. Then, they sprinkled them with a dusting of glitter that seemed to make the natural decorations come alive with a shimmering glow. These enchanted ornaments would adorn their caroling path.

Po pierwsze zebrali opadłe szyszki i gałązki ostrokrzewu z lasu. Następnie posypali je odrobiną brokatu, który sprawiał, że naturalne ozdoby ożyły migoczącym blaskiem. Te zaczarowane ozdoby ozdobiły ich ścieżkę kolędowania.

On the eve of Christmas Eve, with cheeks rosy from the cold and hearts filled with anticipation, The Enchanted Carolers began their journey through the village. As they sang each carol, their voices blended harmoniously, and the enchanted ornaments lit up with a soft, magical radiance.

W wigilię Wigilii, z różowymi policzkami od zimna i sercami pełnymi oczekiwania, Zaczarowani Kolędnicy rozpoczęli swoją podróż przez miasteczko. Kiedy śpiewali każdą kolędę, ich głosy łączyły się harmonijnie, a zaczarowane ozdoby rozświetlały się delikatnym, magicznym blaskiem.

As they strolled from house to house, the villagers gathered on their doorsteps, drawn by the enchanting music and the ethereal glow of the ornaments. Smiles lit up their faces, and the spirit of Christmas wrapped around them like a warm, cozy blanket.

Kiedy przechodzili z domu do domu, mieszkańcy zbierali się na swoich podwórkach, przyciągnięci czarującą muzyką i eterycznym blaskiem ozdób. Uśmiechy rozjaśniały ich twarze, a duch Bożego Narodzenia owijał ich jak ciepły, przytulny koc.

One of the villagers, Mrs. Thompson, had been feeling lonely since her family couldn't visit her this Christmas. But when The Enchanted Carolers sang "Silent Night" at her doorstep, tears of joy welled up in her eyes. She felt the presence of her loved ones despite the physical distance, and her heart was filled with warmth.

Jedna z mieszkanek, Pani Thompson, czuła się samotna, ponieważ jej rodzina nie mogła jej odwiedzić tego Bożego Narodzenia. Ale kiedy Zaczarowani Kolędnicy zaśpiewali "Cicha Noc" na jej progu, łzy radości zbierały się jej w oczach. Czuła obecność swoich bliskich pomimo fizycznej odległości, a jej serce wypełniło się ciepłem.

The Enchanted Carolers continued their journey, bringing the magic of Christmas to every corner of the village. They saw the power of their enchanting carols in the smiles, laughter, and shared moments of love among the villagers.

Zaczarowani Kolędnicy kontynuowali swoją podróż, przynosząc magię Bożego Narodzenia do każdego zakątka miasteczka. Widzieli moc swoich czarujących kolęd w uśmiechach, śmiechu i wspólnych chwilach miłości między mieszkańcami.

As the night drew to a close, they returned to their homes, their hearts full of gratitude for the magic they had shared. Emily knew that their enchanted caroling had made Christmas truly special for the village, and she couldn't have asked for a more wonderful gift.

Kiedy noc zbliżała się ku końcowi, wrócili do swoich domów, z sercami pełnymi wdzięczności za magię, którą przekazali. Emily wiedziała, że ich czarujące kolędowanie uczyniło Boże Narodzenie naprawdę wyjątkowym dla miasteczka, i nie mogła prosić o bardziej cudowny prezent.

And so, in that picturesque village, The Enchanted Carolers learned that the true magic of Christmas lay not only in their voices and their enchanting decorations but in the love and togetherness they shared with their neighbors.

I tak, w malowniczej wiosce, Zaczarowani Kolędnicy dowiedzieli się, że prawdziwa magia Bożego Narodzenia tkwiła nie tylko w ich głosach i czarujących dekoracjach, ale w miłości i wspólnoty, którą dzielili się z sąsiadami.

The Remarkable Reindeer Race

In the heart of the North Pole, where snowflakes glistened like diamonds in the crisp winter air, there lived a young reindeer named Rudy. Rudy was known for his boundless energy and his dream of becoming one of Santa's reindeer team. He believed that dreams could come true with hard work and determination.

W sercu Bieguna Północnego, gdzie płatki śniegu błyszczały jak diamenty w chłodnym zimowym powietrzu, mieszkał młody renifer o imieniu Rudek. Rudek był znany ze swojej nieograniczonej energii i marzeń o tym, że zostanie jednym z reniferów Mikołaja. Wierzył, że marzenia mogą się spełnić dzięki ciężkiej pracy i determinacji.

Every year, Santa held a remarkable reindeer race to find the fastest and most skilled reindeer to join his team. Rudy had watched this race since he was a fawn and dreamed of participating. This year, he decided it was time to chase his dream.

Co roku Mikołaj organizował niezwykły wyścig reniferów, żeby znaleźć najszybszego i najbardziej utalentowanego renifera, który dołączy do jego drużyny. Rudek oglądał ten wyścig od czasu, gdy był jeszcze jeleniem, i marzył o udziale. W tym roku postanowił, że nadszedł czas, aby ścigać swoje marzenie.

Rudy spent months training rigorously, running through snowstorms, leaping over snowbanks, and practicing his flying skills. He pushed himself harder than ever before, fueled by the belief that he could make his dream come true.

Rudek spędził miesiące na rygorystycznym treningu, biegnąc przez zamiecie śnieżne, przeskakując zaśnieżone wały i ćwicząc swoje umiejętności latania. Działał na swoją korzyść, bardziej niż kiedykolwiek wcześniej, napędzany wiarą, że może spełnić swoje marzenie.

The day of the remarkable reindeer race arrived, and the North Pole was filled with excitement. Reindeer from all around the region gathered, each hoping to earn a place on Santa's team. Rudy felt a mix of nerves and determination as he stood at the starting line.

Nadszedł dzień niezwykłego wyścigu reniferów, a Biegun Północny był pełen ekscytacji. Renifery z całego regionu zebrali się, każdy z nadzieją na zdobycie miejsca w drużynie Mikołaja. Rudek czuł mieszankę nerwów i determinacji, gdy stał na linii startu.

The race was a grueling test of speed, agility, and endurance. The competitors dashed through snow-covered forests, leaped over frozen streams, and navigated treacherous ice bridges. Rudy's determination and training paid off as he raced ahead, his heart filled with the dream of joining Santa's reindeer team.

Wyścig był wyczerpującym sprawdzianem szybkości, zwinności i wytrzymałości. Zawodnicy pędzili przez pokryte śniegiem lasy, przeskakiwali zamrożone strumienie i pokonywali zdradliwe mosty lodowe. Determinacja i trening Rudka opłaciły się, gdy wyprzedził rywali, jego serce wypełnione marzeniem o dołączeniu do drużyny reniferów Mikołaja.

As Rudy crossed the finish line, he was met with thunderous applause from the crowd. He had won the remarkable reindeer race and earned his place on Santa's team! His dream had come true, and his heart soared with joy.

Gdy Rudek przekroczył linię mety, został przywitany gromkimi brawami tłumu. Wygrał niezwykły wyścig reniferów i zdobył miejsce w drużynie Mikołaja! Jego marzenie się spełniło, a serce uniosło się z radością.

That Christmas, as Rudy and his new reindeer friends soared through the night sky, pulling Santa's sleigh filled with gifts, he knew that dreams could indeed come true. It was a magical reminder for everyone that with hard work, determination, and a belief in oneself, even the wildest dreams could become a reality.

Tego Bożego Narodzenia, gdy Rudek i jego nowi przyjaciele renifery unieśli się przez nocne niebo, ciągnąc sanie Mikołaja wypełnione prezentami, wiedział, że marzenia mogą naprawdę się spełnić. Było to magiczne przypomnienie dla wszystkich, że dzięki ciężkiej pracy, determinacji i wierzeniu w siebie, nawet najbardziej szalone marzenia mogą stać się rzeczywistością.

And so, in the heart of the North Pole, Rudy became a testament to the power of dreams and the magic of believing in oneself.

I tak, w sercu Bieguna Północnego, Rudek stał się świadectwem potęgi marzeń i magii wiary w siebie.

The Christmas Star's Wish

Once upon a time, in a small village nestled in a valley surrounded by towering pine trees, there was a little Christmas star named Stella. Stella lived high up in the sky, and her job was to shine brightly every Christmas Eve to guide Santa Claus and his reindeer on their journey around the world. But Stella had a special wish of her own.

Dawno, dawno temu, w małej wiosce położonej w dolinie otoczonej wysokimi sosnami, była mała gwiazda świąteczna o imieniu Stella. Stella mieszkała wysoko na niebie, a jej zadaniem było świecić jasno w Wigilię, aby prowadzić Mikołaja i jego renifery w ich podróży po całym świecie. Ale Stella miała swoje własne specjalne życzenie.

Every year, as Stella watched the children in the village prepare for Christmas, she wished with all her heart to be able to experience the holiday season on Earth. She longed to see the joy in the children's eyes, hear the laughter, and feel the warmth of their homes.

Co roku, kiedy Stella obserwowała dzieci w wiosce przygotowujące się do Świąt, życzyła z całego serca, żeby mogła doświadczyć okresu świątecznego na Ziemi. Tęskniła, żeby zobaczyć radość w oczach dzieci, usłyszeć śmiech i poczuć ciepło ich domów.

One day, as Stella shone brightly in the night sky, a shooting star streaked by. Stella decided to make a wish. "I wish to spend one

Christmas on Earth, to see the wonders of the holiday season up close," she whispered to the passing star.

Pewnego dnia, gdy Stella świeciła jasno na nocnym niebie, przemknęła obok niej spadająca gwiazda. Stella postanowiła złożyć życzenie. "Życzę sobie spędzić jedno Boże Narodzenie na Ziemi, żeby zobaczyć cuda okresu świątecznego z bliska", szeptała mijającej gwiazdzie.

To Stella's surprise, her wish was heard and granted. With a gentle sparkle, she found herself descending from the sky, landing softly in the village's town square. She had become a beautiful ornament, adorning the village's Christmas tree.

Ku zaskoczeniu Stelli, jej życzenie zostało usłyszone i spełnione. Z delikatnym mieniem znalazła się w drodze na ziemię, delikatnie lądując na placu wioski. Stała się piękną ozdobą, zdobiąc choinkę wioski.

From her place on the tree, Stella saw the magic of Christmas unfold before her eyes. She watched children build snowmen, families decorating their homes with twinkling lights, and friends and neighbors exchanging heartfelt gifts. The laughter and joy filled her with warmth and happiness.

Z miejsca na drzewie Stella widziała magię Bożego Narodzenia rozgrywającą się przed jej oczami. Oglądała dzieci budujące bałwany, rodziny dekorujące swoje domy migoczącymi światłami, a przyjaciele i sąsiedzi wymieniający serdeczne prezenty. Śmiech i radość wypełniały ją ciepłem i szczęściem.

On Christmas Eve, Stella shone with all her might, her light radiating across the village. She guided Santa Claus and his reindeer on their journey, just as she always had, but this time, she did it with a heart filled with the joy of experiencing Christmas on Earth.

W Wigilię Stella świeciła ze wszystkich sił, jej światło promieniowało na całą wioskę. Prowadziła Mikołaja i jego renifery w ich podróży, tak jak zawsze, ale tym razem robiła to z sercem pełnym radości z doświadczania Bożego Narodzenia na Ziemi.

As the clock struck midnight, Stella's time on Earth came to an end. With a bittersweet feeling, she returned to the night sky. But she knew that her wish had been granted, and the memories of that magical Christmas on Earth would forever fill her heart with warmth.

Gdy zegar bił północ, czas Stelli na Ziemi dobiegł końca. Z gorzkosłodkim uczuciem wróciła na nocne niebo. Ale wiedziała, że jej życzenie zostało spełnione, a wspomnienia z tego magicznego Bożego Narodzenia na Ziemi na zawsze wypełnią jej serce ciepłem.

And so, the Christmas star, Stella, continued to shine brightly in the night sky, guiding Santa and spreading the magic of the holiday season to children all around the world, knowing that her own Christmas wish had come true.

I tak, gwiazda świąteczna, Stella, nadal świeciła jasno na nocnym niebie, prowadząc Mikołaja i rozprzestrzeniając magię okresu świątecznego do dzieci na całym świecie, wiedząc, że jej własne życzenie bożonarodzeniowe się spełniło.

The Littlest Elf's Big Dream

In the bustling North Pole workshop, where the cheerful sound of elves working filled the air, there lived a little elf named Timmy. Timmy was different from the other elves. While they were busy making toys for Santa Claus, Timmy had a big dream that set his heart aglow.

W pracowitym warsztacie na Biegunie Północnym, gdzie wesoły dźwięk pracujących elfów napełniał powietrze, mieszkał mały elf o imieniu Tymek. Tymek różnił się od innych elfów. Podczas gdy oni zajmowali się tworzeniem zabawek dla Mikołaja, Tymek miał wielkie marzenie, które rozpalało jego serce.

Timmy's dream was to be a part of Santa's sleigh team. He wanted to help pull the sleigh on Christmas Eve and deliver presents to children all around the world. But there was a problem – Timmy was the littlest elf in the workshop, and everyone believed he was too small to become one of Santa's reindeer.

Marzeniem Tymka było być częścią drużyny sanek Mikołaja. Chciał pomagać ciągnąć sanie w Wigilię i dostarczać prezenty dzieciom na całym świecie. Ale był problem - Tymek był najmniejszym elfem w warsztacie, a wszyscy uważali, że jest za mały, żeby zostać jednym z reniferów Mikołaja.

Despite the doubts and whispers of others, Timmy was determined to prove himself. He spent his free time training, running laps around the workshop, and practicing pulling a tiny wooden sleigh. He knew that if he worked hard enough and believed in himself, he could make his dream come true.

Pomimo wątpliwości i szeptów innych, Tymek był zdeterminowany, żeby udowodnić swoją wartość. Spędzał wolny czas na treningach, biegając wokół warsztatu i ćwicząc ciągnięcie małej drewnianej saneczki. Wiedział, że jeśli wystarczająco ciężko będzie pracował i wierzył w siebie, może spełnić swoje marzenie.

Christmas was just around the corner, and Santa Claus visited the workshop to check on the toy-making progress. Timmy decided it was now or never. He approached Santa and told him about his dream of becoming one of the reindeer. Santa, with a twinkle in his eye, saw the determination in Timmy's heart and agreed to give him a chance.

Boże Narodzenie zbliżało się wielkimi krokami, a Mikołaj odwiedził warsztat, żeby sprawdzić postęp w produkcji zabawek. Tymek zdecydował, że teraz albo nigdy. Podszedł do Mikołaja i opowiedział mu o swoim marzeniu, żeby zostać jednym z reniferów. Mikołaj, z błyskiem w oku, zobaczył determinację w sercu Tymka i zgodził się dać mu szansę.

With Santa's guidance, Timmy trained harder than ever. He practiced pulling the sleigh, learned to navigate the night sky, and memorized every route for the big night. His fellow elves cheered him on, and Timmy felt the warmth of their support.

Pod opieką Mikołaja Tymek trenował jeszcze ciężej. Ćwiczył ciągnięcie sanek, uczył się poruszania się po nocnym niebie i zapamiętywał każdą trasę na wielką noc. Jego koledzy elfy kibicowali mu, a Tymek czuł ciepło ich wsparcia.

Finally, Christmas Eve arrived, and it was time for Timmy to prove himself. With a heart full of hope, he joined Santa's reindeer team, ready to help pull the sleigh. The night was cold and the sky was clear, and Timmy knew that this was his moment.

Wreszcie nadszedł Wigilia, i przyszedł czas, żeby Tymek udowodnił swoją wartość. Z sercem pełnym nadziei dołączył do drużyny reniferów Mikołaja, gotów do pomocy w ciągnięciu sanek. Noc była zimna, a niebo było czyste, i Tymek wiedział, że to jest jego chwila.

As the sleigh took off into the night, Timmy felt a rush of excitement and joy. He had made his dream come true, and now he was part of the magic of Christmas. Together with Santa and the reindeer team, he delivered presents to children all around the world, and the smiles on their faces filled his heart with happiness.

Kiedy sanie wzbiły się w noc, Tymek poczuł przypływ ekscytacji i radości. Spełnił swoje marzenie, teraz był częścią magii Bożego Narodzenia. Razem z Mikołajem i drużyną reniferów dostarczał prezenty dzieciom na całym świecie, a uśmiechy na ich twarzach wypełniły jego serce szczęściem.

And so, the littlest elf, Timmy, taught everyone that dreams can come true, no matter how small you may be. With determination, hard work, and belief in yourself, you can achieve anything, even if it means joining Santa's reindeer team and making Christmas dreams come true for children all over the world.

I tak, najmniejszy elf, Tymek, nauczył wszystkich, że marzenia mogą się spełnić, bez względu na to, jak mały jesteś. Z determinacją, ciężką pracą i wiarą w siebie, możesz osiągnąć wszystko, nawet jeśli oznacza to dołączenie do drużyny reniferów Mikołaja i spełnianie bożonarodzeniowych marzeń dzieci na całym świecie.

The Magical Snowflake

In a quiet, snow-covered village, nestled deep in a forest, there lived a young girl named Clara. Clara loved winter more than anything else, especially the first snowfall of the season. She would eagerly wait by the window, hoping to see the very first snowflake of the year. This snowflake was said to be magical, and whoever caught it would have their dearest wish granted.

W cichej, ośnieżonej wiosce, ukrytej głęboko w lesie, mieszkała młoda dziewczyna o imieniu Klara. Klara kochała zimę bardziej niż cokolwiek innego, zwłaszcza pierwszy opad śniegu w sezonie. Cierpliwie czekała przy oknie, mając nadzieję zobaczyć pierwszą płatkę śniegu roku. Mówiono, że ten płatek śniegu był magiczny, a ten, kto go złapie, dostanie spełnioną swoją najskrytszą życzenie.

One chilly morning, as Clara peered out the frosty window, she spotted it – the very first snowflake of the year! It was intricate, glistening like a tiny crystal, and seemed to dance in the air. Clara couldn't contain her excitement and rushed outside with her mittens on, determined to catch it.

Pewnego zimowego ranka, gdy Klara zaglądała przez zamrożone okno, dostrzegła go - pierwszy płatek śniegu roku! Był misterny, błyszczał jak mały kryształ i wydawało się, że tańczy w powietrzu. Klara nie mogła opanować swojego podekscytowania i pospiesznie wybiegła na zewnątrz z rękawiczkami, zdeterminowana, żeby go złapać.

She chased the snowflake through the village, her laughter echoing in the crisp winter air. It led her deeper into the forest, where the snow-covered trees seemed to sparkle with magic. Clara was determined to catch the snowflake and make her wish.

Ścigała płatek śniegu przez wioskę, jej śmiech rozbrzmiewał w chłodnym zimowym powietrzu. Poprowadził ją głębiej w las, gdzie pokryte śniegiem drzewa wydawały się błyszczeć magią. Klara była zdeterminowana, żeby złapać płatek śniegu i spełnić swoje życzenie.

Finally, Clara reached a small clearing, and there, she saw the magical snowflake hovering in front of her. She extended her hand, her breath forming tiny clouds in the frosty air, and gently caught the delicate snowflake. It sparkled in her palm, and she knew it was time to make her wish.

W końcu Klara dotarła do małej polanki, i tam zobaczyła magiczny płatek śniegu unoszący się przed nią. Wyciągnęła rękę, jej oddech tworzył małe obłoczki w mroźnym powietrzu, i delikatnie złapała delikatny płatek śniegu. Błyszczał w jej dłoni, i wiedziała, że nadszedł czas, żeby spełnić swoje życzenie.

With her eyes closed and her heart full of hope, Clara made her wish. She wished for peace and happiness for her village and for all the people she loved. Then, she gently released the magical snowflake into the air. It soared high, glinting in the winter sunlight, and Clara knew her wish had been heard.

Z zamkniętymi oczami i sercem pełnym nadziei, Klara wygłosiła swoje życzenie. Życzyła sobie pokoju i szczęścia dla swojej wioski i dla wszystkich ludzi, których kochała. Następnie delikatnie uwolniła magiczny płatek śniegu w powietrze. Unosił się wysoko, błyszczał w zimowym słońcu, i Klara wiedziała, że jej życzenie zostało wysłuchane.

As Clara returned to her village, she couldn't help but smile. She may not have kept the magical snowflake, but she knew that the true magic of the season was in spreading love and kindness to those around her. That winter, her village felt warmer than ever, and Clara's heart was filled with joy.

Kiedy Klara wracała do swojej wioski, nie mogła się powstrzymać od uśmiechu. Może nie zachowała magicznego płatka śniegu, ale wiedziała, że prawdziwa magia tego okresu tkwi w szerzeniu miłości i życzliwości tym, którzy są wokół niej. Tego zimą jej wieś była cieplejsza niż kiedykolwiek, a serce Klary wypełniała radość.

And so, Clara learned that sometimes, the most magical wishes are those that come from the heart, and they have the power to make the world a better place, one act of kindness at a time.

I tak, Klara nauczyła się, że czasem najbardziej magiczne życzenia pochodzą z serca, i mają moc uczynienia świata lepszym miejscem, jednym aktem życzliwości na raz.

The Snowy Surprise

On a frosty Christmas Eve, in a picturesque village nestled in the heart of the mountains, a young boy named Mateusz eagerly awaited the arrival of Santa Claus. Mateusz believed in the magic of Christmas more than anyone else in his village. He knew that on this special night, miracles were bound to happen.

W mroźną Wigilię, w malowniczej wiosce schowanej w sercu gór, młody chłopiec o imieniu Mateusz z niecierpliwością wyczekiwał przyjścia Mikołaja. Mateusz wierzył w magię Bożego Narodzenia bardziej niż ktokolwiek inny w jego wiosce. Wiedział, że w tej szczególnej nocy cuda muszą się wydarzyć.

Outside, the world was blanketed in a thick layer of snow, and the village was adorned with twinkling lights and festive decorations. Mateusz had spent the day building a snowman with his friends and helping his grandmother bake delicious Christmas cookies. But now, as the stars began to twinkle in the night sky, he couldn't contain his excitement for Santa's visit.

Na zewnątrz świat był pokryty grubą warstwą śniegu, a wioska była ozdobiona migoczącymi światłami i świątecznymi dekoracjami. Mateusz spędził dzień budując bałwana z przyjaciółmi i pomagając swojej babci w pieczeniu pysznych świątecznych ciasteczek. Ale teraz, gdy gwiazdy zaczęły migotać na nocnym niebie, nie mógł powstrzymać swojego podekscytowania na wizytę Mikołaja.

As Mateusz lay in bed, his eyes fixated on the window, he heard the soft jingling of bells. His heart raced, and he leaped out of bed, rushing to the window. There, in the moonlit night, he saw a sleigh led by reindeer, with Santa Claus himself at the reins.

Gdy Mateusz leżał w łóżku, oczy skierowane w okno, usłyszał ciche dzwonienie dzwoneczków. Serce biło mu szybciej, wyskoczył z łóżka, pędząc do okna. Tam, w świetle księżyca, zobaczył sanie ciągnięte przez renifery, z samym Mikołajem na wodze.

Santa Claus descended the chimney with a hearty laugh and a sack full of presents. Mateusz's eyes widened with wonder as he watched Santa place gifts under the Christmas tree. It was a magical sight that filled his heart with joy.

Mikołaj zjechał kominem z serdecznym śmiechem i workiem pełnym prezentów. Oczy Mateusza rozszerzyły się ze zdumienia, gdy patrzył, jak Mikołaj kładzie prezenty pod choinką. To było magiczne widzenie, które wypełniło jego serce radością.

But there was something different about this Christmas. As Santa turned to leave, he winked at Mateusz and said, "Follow your heart, young one, and you'll find the greatest gift of all." With that, he disappeared back up the chimney, leaving behind a trail of stardust.

Ale to Boże Narodzenie było inne. Gdy Mikołaj odwrócił się, żeby odejść, mrugnął do Mateusza i powiedział: "Idź za swoim sercem, młody człowieku, a znajdziesz największy ze wszystkich prezentów." Z tym zniknął z powrotem przez komin, zostawiając za sobą ścieżkę gwiazd.

Intrigued by Santa's words, Mateusz bundled up warmly and ventured into the snowy night. He followed the starry path left by Santa's sleigh, not knowing where it would lead. The village was quiet, and the world was covered in a serene, glistening blanket of snow.

Zaintrygowany słowami Mikołaja, Mateusz ciepło się ubrał i ruszył w zimową noc. Podążał za gwiazdną ścieżką pozostawioną przez sanie Mikołaja, nie wiedząc, dokąd prowadzi. Wioska była cicha, a świat pokryty był spokojną, błyszczącą pierzyną śniegu.

As he walked, Mateusz began to sing a Christmas carol softly. The sound of his voice echoed through the snowy woods, filling the night with warmth and melody. It was then that he realized the greatest gift of all was not found in a wrapped package but in the joy he brought to others with his song and his kind heart.

Gdy szedł, Mateusz zaczął śpiewać delikatnie kolędę. Dźwięk jego głosu rozbrzmiewał przez zimowy las, wypełniając noc ciepłem i melodią. Wtedy zdał sobie sprawę, że największy prezent ze wszystkich nie znajduje się w zapakowanym prezencie, ale w radości, którą przynosił innym swoim śpiewem i życzliwym sercem.

Returning to his village, Mateusz realized that the magic of Christmas wasn't just about Santa and presents; it was about love, kindness, and sharing joy with others. As he stepped inside his warm home, he knew that this snowy Christmas night had taught him a valuable lesson that would stay with him forever.

Wracając do swojej wioski, Mateusz zrozumiał, że magia Bożego Narodzenia nie polegała tylko na Mikołaju i prezentach; chodziło o miłość, życzliwość i dzielenie się radością z innymi. Kiedy wszedł do swojego ciepłego domu, wiedział, że ta śnieżna noc Bożego Narodzenia nauczyła go cennej lekcji, która pozostanie z nim na zawsze.

And so, in the heart of the snowy village, Christmas continued to shine brightly, thanks to the kindness and love of young Mateusz.

I tak, w sercu śnieżnej wioski Boże Narodzenie nadal świeciło jasno, dzięki życzliwości i miłości młodego Mateusza.